AF305576

VENTE

Du Samedi 22 Juin 1912

HOTEL DROUOT, SALLE N° 1

A DEUX HEURES

ESTAMPES DU XVIIIᵉ SIÈCLE

ESTAMPES MODERNES

DESSINS, TABLEAUX

COMMISSAIRE-PRISEUR

Mᵉ F. LAIR-DUBREUIL

EXPERTS

MM. LÉO DELTEIL & A. LE CORBEILLER

CATALOGUE

D'ESTAMPES DU XVIIIe SIÈCLE

EN NOIR ET EN COULEURS

Par, ou d'après :

BOILLY, BONNET, CARESME, FRAGONARD, HUET, LAWREINCE, REGNAULT
A. DE SAINT-AUBIN, ETC.

D'ESTAMPES MODERNES

PAR CARRIÈRE, FANTIN-LATOUR, LEGRAND, ROPS, ETC.

DE

DESSINS ET TABLEAUX

PAR ALLONGÉ, BIDA, BIENNOURRY, CHÉRET, L. DESCHAMPS, DU GARDIER,
J. DE GONCOURT, C. GUYS, JEANNIOT, LANSYER
ALPH. LEVY, LUIGINI, A. LUNOIS, MATIFA, MUCHA, PICABIA, A. POINT, R. RANFT
RASSENFOSSE, VAN MARCKE, VEYRASSAT, ETC.

PASTEL DU XVIIIe SIÈCLE, ETC.

DONT LA VENTE AURA LIEU A PARIS

HOTEL DROUOT, SALLE N° 7

LE SAMEDI 22 JUIN 1912

à deux heures

Par le Ministère de Me **F. LAIR-DUBREUIL**

COMMISSAIRE-PRISEUR

6, rue Favart, 6

Assisté de **MM. LÉO DELTEIL ET A. LE CORBEILLER**

MARCHANDS D'ESTAMPES-EXPERTS

38, rue de Châteaudun, 38 — PARIS

CONDITIONS DE LA VENTE

Elle sera faite au comptant.

Les adjudicataires paieront *dix pour cent* en sus des enchères.

MM. Léo Delteil et A. Le Corbeiller rempliront les commissions que voudront bien leur confier MM. les Amateurs ne pouvant y assister.

MM. les Amateurs pourront visiter les pièces **les Jeudi 20 et Vendredi 21 Juin 1912, 38, rue de Châteaudun.**

Paris. — Imp. de l'Art, Ch Berger, 41, rue de la Victoire.

DÉSIGNATION

ESTAMPES DU XVIIIᵉ SIÈCLE

BAUDOUIN ET BERTIN (D'après).

1 — LE POÈTE ANACRÉON;

LA GAYETÉ DE SILÈNE.

Deux pièces faisant pendants, gravés par N. de Launay. Épreuves à toutes marges (déchirures dans les marges).

BOILLY (D'après L.)

2 — HONNI SOIT QUI MAL Y PENSE. Gravé par J. Bonnefoy. 1792. Superbe épreuve *avant la lettre*, à toutes marges.

3 — LA SOLITUDE. Gravé par S. Tresca. Belle épreuve.

BONNET (L. Marin)

4 — LA CAGE OUVERTE;

LE CHAT AU GUET.

Deux pièces faisant pendants. Nᵒˢ 871 et 872 Superbes épreuves IMPRIMÉÉS EN COULEURS, marges.

BOUCHER (D'après F.)

5 — LE TRAIT DANGEREUX. Gravé par Poletnich. Belle épreuve.

CARESME (D'après Ph.)

6 — BACCHUS PRÉSIDE A LA FÊTE. Gravé par Janinet. Très belle épreuve *avant la lettre*, IMPRIMÉE EN COULEURS, marges.

7 — LE CULTE SYSTÉMATIQUE. Gravé par Janinet. Splendide épreuve, *avant la lettre*, IMPRIMÉE EN COULEURS et à toutes marges.

COSWAY (D'après)

8 — JUPITER AND LEDA. Gravé par Sitep. *To be sold at F. Vivares, London*. Pièce ovale en larg., cadre équarri. Très belle épreuve IMPRIMÉE EN COULEURS.

DRELLING (D'après)

9 — LE CHAPEAU ;

LE VIEILLARD.

Deux pièces faisant pendants. Gravées par Perdrieu. Très belles épreuves IMPRIMÉES EN COULEURS (la deuxième pièce est rognée du haut).

DUTALLIS (D'après)

10 — LA PUCE A L'OREILLE. Gravé par Parfait-Augrand. Belle épreuve IMPRIMÉE EN COULEURS avec rehauts.

ÉCOLE FRANÇAISE
Estampes anonymes

11 — LE DÉSIR ;

— LE PLAISIR.

Deux pièces faisant pendants. Gravures anonymes. Très belles épreuves.

ÉCOLE FRANÇAISE

Estampes anonymes

12 — L'Agréarle illusion. J. G., pinx.; A. G. T. G., sc. Pièce ovale, cadre équarri. Très belle épreuve avec marges.

13 — Le Marché conclu. Pièce ovale en larg., anonyme. Belle épreuve *imprimée en sanguine*.

14 — Le Toucher. Pièce ovale. Belle épr. *imprimée en bistre, avec rehauts de couleurs*.

15 — Sujet grivois. Petite pièce de forme ronde, anonyme, imprimée en couleurs *et rehaussée*.

FRAGONARD (D'après)

16 — Fontaine d'Amour. Gravé par Audebert. Très belle épreuve imprimée en couleurs, petite marge (petite restauration dans le haut à gauche).

17 — Les Pétards. Gravé par Auvray. Belle épreuve *avant toute lettre*.

18 — Le Petit Prédicateur. Gravé par N. de Launay. Très belle épreuve à toutes marges (légère mouillure).

19 — New Trought (*La Gimblette*). Gravé par Picot. N° 32. Petite pièce de forme ronde. Belle épr. imprimée en couleurs, *avec rehauts*.

20 — Sapho. Gravé par Angélique Papavoine. Très belle épreuve *avant toute lettre*.

FREUDEBERG (D'après)

21 — La Petite Famille Suisse. Gravé à l'eau-forte par Dunker et terminé au burin par Eichler, 1778. Belle épreuve.

GREUZE (D'ap. J. B.)

22 — La Grand-Maman. Gravé par Binet. Très belle
épreuve, marge.

HOUIN (D'après)

23 — L'Ecueil de la Sagesse. Gravé par de Monchy.
Très belle épreuve *avant la lettre*.

24 — La Tendre Amitié. Gravé par De Monchy. Très
belle épreuve à toutes marges.

HUET (D'après J.-B.)

25 — L'Amant écouté ;

L'Éventail cassé.

Deux pièces faisant pendants, gravées par Bonnet.
Très belles épreuves, imprimées en couleurs, marge.

26 — La Bonne Chienne. Gravé par Bonnet. Superbe
épreuve imprimée en couleurs à très grandes marges.

26 *bis* — Le Jeu de la Ballançoire ;

Le Jeu du Cervolant.

Deux pièces faisant pendants. Gravées par Bonnet.
Très belles épreuves, imprimées en couleurs.

27 — Leucothoe charmée de la beauté d'Apollon... Gravé
par Bonnet. N° 784. Très belle épreuve du 1er *état*,
avant la draperie, imprimée en couleurs, marges.

28 — Thétis écoute Protée ;

La Nimphe Hesperie fuyant Esaque.

Deux pièces faisant pendants, gravées par L.-M. Bonnet. Nos 759 et 760. Belles épr. imprimées en couleurs.

29 — Sujets gracieux. Deux pièces légères, ovales, faisant
pendants. Très belles épreuves imprimées en couleurs.
Sans marge.

LAWREINCE (D'après N.)

30 — AH ! QUEL DOUX PLAISIR ;

JE TOUCHE AU BONHEUR.

Deux pièces faisant pendants, gravées par Copia. Belles épreuves, la 1re IMPRIMÉE EN COULEURS, remmargée ; la 2e *rehaussée de coloris* et remmargée sur trois côtés. Rares.

31 — THE GREEN PLOT ;

THE GROVE.

Deux pièces de forme ronde, cadres équarris, faisant pendants. Gravures anonymes. Très belles et rares épreuves anciennes avec marges.

LAWRENCE (D'après Th.)

32 — LADY PEEL. Gravé à la manière noire, par S. Cousins. Belle épreuve.

33 — THE PAINTERS STUDY (Mrs Wolff). Gravé à la manière noire, par S. Cousins. Belle épr.

LE PRINCE (D'après J.-B.)

34 — LE BONHEUR DU MÉNAGE ;

L'ENFANT CHÉRI.

Deux pièces faisant pendants, gravées par N. de Launay. Belles épr. à toutes marges. (Petites déchirures dans les marges.)

MONNET (D'après)

35 — JUPITER ET ANTHIOPE. Gravé par Vidal. Très belle épreuve *avant la lettre, état découvert.*

36 — LES PLAISIRS NOCTURNES. Gravé par F^e Chevery. Très belle épreuve à grandes marges.

MONSIAU (D'après)

37 — Erigone endormie. Gravé par Cathelin. Belle épreuve *avant la lettre*.

MOUCHET (D'après)

38 — Who is there ? Qui est la ? Gravé par L. Darcis. Pièce ovale. Belle épreuve, rare.

REGNAULT (D'après)

39 — Io. Gravé par Alex. Chaponnier. Très belle épr. imprimée en couleurs, *avec rehauts*.

REGNAULT (N. F.)

40 — Le Matin ;

Le Soir.

Deux pièces faisant pendants. Très belles épreuves *avant la lettre*. (Petite mouillure).

41 — La Nuit. Superbe épreuve *avant la lettre*, marges

SAINT-AUBIN (Aug. de)

42 — Jupiter et Léda. D'après P. Véronèse. 1778. Très belle épreuve.

43 — Jupiter et Léda. D'après P. Véronèse. Gravé à l'eau-forte par A. de Saint-Aubin et terminé par A. Romanet. Belle épreuve.

SAINT-AUBIN (D'après A. de)

44 — The First come best served ;

— The Place to the first occupier.

Deux pièces ovales en larg., faisant pendants, gravées par Sergent-Marceau. Belles épreuves imprimées en couleurs, petites marges découpées en ovale, titres rapportés.

WOLFF L'AINÉ (D'après)

45 — LES POMMES DE TERRE. Gravé par Wolff. Pièce
ovale. Très belle épreuve *imprimée en bistre et sanguine.*

ESTAMPES MODERNES

ALBUM

46 — Fantaisies artistiques, gravées à l'eau-forte et à la
pointe sèche par divers artistes. *Paris, Pincebourde*,
édit. — Suite de neuf pièces par Rassenfosse,
H. Somm, Lebègue, etc., en feuilles, sous couv. ill.,
dans un cart. spécial.

CARRIÈRE (Eug.)

47 — Tête de femme, le menton dans la main droite.
Très belle épreuve *sur Chine monté.*

COURTRY (Ch.)

48 — La Main-chaude. D'après F. Roybet. Superbe
épreuve *avant la lettre, avec remarque, sur parchemin, signée des artistes.*

DEVÉRIA (D'après A.)

49 — Ne regardez pas. Gravé par Sixdeniers. Belle épr.

FANTIN-LATOUR

50 — Début de la Valkure (23). Belle épreuve du 1er état,
avant le nom de l'imprimeur, sur Chine monté.

51 — La Tentation de saint Antoine (110). Très belle
épreuve sur *Chine volant, numérotée.*

FANTIN-LATOUR

52 — Vénus et l'Amour, grande planche (131). Très belle épreuve sur *Japon, signée.*

53 — Danses, 1898 (140). Très belle épreuve *sur Chine appliqué.*

54 — Andromède (158). Belle épreuve avec remarque, *signée.*

55 — Centenaire H. Berlioz (175). Belle épreuve sur *papier pelure, signée.*

LEGRAND (Louis)

56 — Etudes de danseuses. — Devant la glace. — Deux pièces, belles épreuves.

LUNOIS (Alex.)

57 — Le Vin, d'après Lhermitte. Belle épreuve *avant la lettre, avec remarque, sur Chine monté, signée.*

MUNKACSY ET BROZIK (D'après)

58 — Le Dernier jour d'un condamné. — Le Mont de Piété, etc. Trois pièces gr. in-fol. Très belles épr. *avant la lettre, avec remarques, sur Japon et parchemin, signées des artistes.*

58 *bis* — Sous ce numéro, il sera vendu 18 eaux-fortes et lithographies diverses, de Damman, Alph. Lévy, Maurou, Deturck, etc., en épreuves d'état, sur Chine et Japon, la plupart signées.

ROPS (Félicien)

59 — La Femme au trapèze (53). Très belle épreuve *sur Hollande, signée du monogramme.*

60 — L'Affûteur (57). Très belle épreuve *avant la lettre, sur Japon, signée.*

61 — Le Rydeack (58). Très belle épreuve *sur Japon, signée. (Coll. A. Gouzien).*

62 — La Dalécarlienne (66). Très belle épreuve sur *papier ancien, signée du monogramme.*

63 — Jean Brouette (68). Eau-forte. Très belle épreuve *signée du monogramme. (Coll. A. Gouzien).*

64 — William Lesly (72). Très belle épreuve sur vergé. *(Coll. A. Gouzien).*

64 *bis* — Question d'Orient (92). Belle épreuve d'*état, avant la coupure du cuivre,* sur *Japon mince.*

65 — Seule (94). Très belle ép. sur *Japon, signée du monogramme.* (Collection A. Gouzien).

66 — L'Oracle du Hameau (95). Très belle épreuve sur Hollande.

67 — *La même pièce.* Belle épreuve, *signée. (Coll. A. Gouzien).*

68 — Le Doigt dans l'œil, invitation d'une société d'artistes (99). Très belle épreuve imprimée en deux tons, sur vergé, signée.

69 — La Vieille à l'aiguille (100). Très belle épreuve *sur Japon.*

ROPS (Félicien)

70 — Dans la Pusta (123). Très belle épreuve du *1er état*, *avec la légende, sur Japon, signée.* (*Coll. A. Gouzien*).

71 — La Planche du tsigane (125). Très belle épreuve *sur Japon.*

72 — La même pièce. Très belle épreuve *d'état, sur Japon, signée.* (*Coll. A. Gouzien*).

73 — La Dernière Maja (126). Très belle épreuve *d'état* (6e) *sur Japon, signée.* (*Coll. A. Gouzien*).

74 — Miette (128). Très belle épreuve sur *Japon, signée.* (*Coll. A. Gouzien*).

75 — Le Semeur de Paraboles (130). Très belle épreuve sur *Japon, signée,* et portant dans la marge du bas, *un croquis original à la plume* et *un texte manuscrit avec envoi à son ami Léon Dommartin.*

76 — Ma goutte (136). Deux pièces, sujets des marges, et sujet du milieu. Très belles épreuves *sur Japon, 1 signée du monogramme.* (*Collection A. Gouzien*).

77 — Le Lézard japonais (142). Très belle épreuve sur Japon, avec en marge une *lettre autographe,* datée de *Montgeron, Villa des Artistes, 6 mai 1882,* et un *croquis original à la plume.*

78 — Œuvres inutiles ou nuisibles (145). Très belle épreuve *tirée en deux tons,* sur vergé, *avec légende manuscrite et dédicace signée à M. Henri Beaupère.*

79 — Le Sphinx (Grande planche) (149 *bis*). Très belle épreuve sur *Japon, signée.* (*Coll. A. Gouzien*).

ROPS (Félicien)

79 *bis* — Humanité (177). Très belle épreuve sur *Japon*, *signée du monogramme.*

80 — Diane et la Femme au Corset noir (229-230). Très belle épreuve *sur Japon.*

81 — Le Joyeux bidet (244). Très belle épreuve *sur Japon.*

82 — Volupté (254). Très belle épreuve sur vergé.

83 — Le Paddock de Joyenval. Menu (291). Belle épreuve *sur Japon, avec le texte manuscrit d'un menu, 21 juin 1884. (Coll. A. Gouzien).*

84 — La Crémaillère. Menu (295). Très belle épreuve *sur Japon, signée. (Coll. A. Gouzien).*

85 — La Presse. Adresse de l'imprimeur F. Nys (328). Belle épreuve *sur Japon.*

86 — Les Exercices de dévotion de M. Henri Roch (347). Frontispice. Très belle épreuve *imprimée en couleurs, sur Japon.*

87 — Les Amusements des Dames de Bruxelles (353). — Chansons badines de Collé (354). — Deux frontispices. Belles épreuves sur *Japon.*

88 — Le Sire de Lumey (358). Très belle épreuve *avant la lettre,* sur vieux papier vergé.

89 — Le Buveur (359). Très belle épreuve *avant la lettre,* sur vieux papier vergé.

ROPS (Félicien)

90 — Le Grand et le Petit Trottoir. Frontispice (374). — Deux épreuves, *avant et avec l'inscription, sur Chine.*

91 — Le Cathéchisme des gens mariés. Frontispice (401). Très belle épreuve du *1er état, sur Japon, signée.* (*Coll. A. Gouzien*).

92 — Le Cathéchisme des gens mariés (401). — La Fleur lascive orientale (402). — Deux frontispices, belles épreuves *sur Japon.*

93 — La Fleur Lascive orientale. Frontispice (402). Très belle épreuve *sur Japon.*

94 — La Fleur lascive orientale. Grande planche (403). Très belle épreuve *sur Japon, signée.* (*Coll. Léon Dommartin*).

95 — Le Diable dupé par les Femmes (416). — La Messe de Gnide (419). — La Sphère de la Lune (434). — Trois frontispices, belles épreuves *sur Japon.*

96 — La Cuisine de l'auberge des Artistes, à Anseremme (538). Très belle épreuve du *1er état, avec les croquis, sur Japon, signée du monogramme.* (*Coll. A. Gouzien.*)

97 — Incantation (540). Très belle épreuve sur *Japon, signée.*

97 *bis* — La Messagère du Diable (561). Très belle épreuve *signée.*

98 — Notes d'un Vagabond. Frontispice (634). Très belle épreuve *sur Japon, signée du monogramme.*

ROPS (Félicien)

99 — Maturité (637). Belle épreuve, *signée du monogramme*. (*Coll. A. Gouzien*).

100 — La Pudeur de Sodome (638). Superbe épreuve imprimée en couleurs sur Japon, signée.

100 *bis* — La Pudeur de Sodome, grande planche. — Très belle épreuve *du 1er état, sur Japon, signée*.

101 — La Proposition. Très belle épreuve.

101 *bis* — La Marchande d'oiseaux, fragment. Très belle épr. *Signée du monogramme.* (*Coll. A. Gouzien*).

102 — Les Violettes. — Flirt. Deux pièces tirées sur la même planche. (*Coll. A. Gouzien*).

102 *bis* — Tribulat Bonhomet. Frontispice. Belle épr. tirée de format in-f°.

103 — La Dame au cochon. Gravé par Gaujean. Belle épreuve *imprimée en couleurs, sur Japon*.

104 — Le Médecin des fièvres. Très belle épr. *imprimée en couleurs, sur Japon*.

105 — Le Scandale. Gravé par A. Bertrand. Très belle épreuve imprimée en couleurs, *timbrée et numérotée* (n° 71).

DESSINS, TABLEAUX

AQUARELLES

ÉCOLE FRANÇAISE (xviiie siècle)

106 — Léda et son cygne. Pastel.

> Haut., 47 cent. ; larg., 58 cent.

ALLONGÉ

107 — Forêt de Fontainebleau. Le Gros arbre. Aquarelle signée.

> Haut., 1 m. 20 cent.; larg., 85 cent.

ANONYME

108 — La Course. — Le Saut de la rivière. Deux aquarelles non signées.

> Haut., 11 cent ; larg., 19 cent.

BELLANGÉ (H.)

109 — Soldat de la 1re République. Crayons de couleurs.

> Haut., 47 cent.; larg., 23 cent.

BELLERY-DESFONTAINES

110 — Un Facteur du P.-L.-M. (Etude pour la vignette du titre d'action de la Compagnie des Chemins de fer P.-L.-M.). Crayon noir rehaussé d'aquarelle, signé et daté : *1905.*

> Haut., 36 cent.; larg., 27 cent.

BIDA

111 — La Salamite. Étude. Crayon noir. Signé et daté :
12 fév. 1894.

> Haut., 3o cent.; larg., 22 cent.

112 — Résurrection de Lazare. Femme au bord d'une
rivière (Palestine). Deux dessins au crayon noir,
signés.

> Haut., 13 cent.; larg., 17 cent.
> Haut., 16 cent.; larg., 12 cent.

BIENNOURRY (V.-F.-E.)

Peintre, né à Bar-sur-Aube, 1823-1893.
Grand prix de Rome.
Exécuta les décorations au Palais des Tuileries.

113 — La Sculpture romaine. Louvre. Crayon noir rehaussé de blanc, signé.

> Haut., 5o cent.; larg., 64 cent.

114 — La Sculpture grecque. Louvre. Crayon noir rehaussé de blanc, signé.

> Haut., 48 cent.; larg., 54 cent.

115 — L'Empire Français. Louvre. Crayon noir rehaussé de blanc, signé.

> Haut., 44 cent.; larg., 65 cent.

116 — Le Tibre. Salle des Empereurs au Louvre. Crayon
noir rehaussé de blanc, signé.

> Haut., 3g cent.; larg., 5o cent.

BOUTET DE MONVEL (?)

117 — Fillettes dans un pré. Plume et aquarelle.

> Haut., 22 cent.; larg., 29 cent.

CARAN D'ACHE

118 — Le Duel — Récits d'Espagne, 1809. — Officier d'ordonnance de l'Empereur (Friedland). — Costumes militaires. — Six dessins à la plume et aquarelle, signés. (Ce numéro sera divisé.)

CHÉRET (J.)

119 — Étude de femme. Sanguine rehaussée de blanc, signée.

Haut., 31 cent. ; larg , 21 cent.

DÉDINA

120 — Tziganes. Aquarelle signée.

Haut., 26 cent.; larg., 18 cent.

DESCHAMPS (Louis)

121 — Étude de gamin. Peinture sur panneau, signée.

Haut., 23 cent.; larg., 13 cent.

DESHAYES (Eug.)

122 — Plage d'Alger. Peinture sur toile, signée et datée : *1891*.

Haut., 49 cent.; larg., 71 cent.

DU GARDIER (B.)

123 — A bord du yacht. Gouache signée.

Haut., 71 cent.; larg., 61 cent.

124 — Promenade sur la Plage. Gouache signée.

Haut., 5o cent.; larg., 65 cent.

EMELÉ

125 — Scène de Bataille. Peinture sur toile. Signée et datée : *1863*.

Haut., 25 cent.; larg., 37 cent.

GONCOURT (J. de)

126 — Mabille, 1855. Plume, lavis et aquarelle. (*Collection des Goncourt*).

Haut., 14 cent.; larg., 31 cent.

127 — Salle à manger de la rue Saint-Georges. Aquarelle. Signée.

Haut., 20 cent.; larg., 40 cent.

GOURDAULT (P.)

128 — Cabaret artistique. Peinture sur bois, signé et daté : *1905*.

Haut., 24 cent ; larg., 32 cent.

GUILLAUME (Albert)

129 — Un Duel chef le coiffeur. Suite de 14 dessins à la plume, rehaussés, signés.

GUYS (Constantin)

130 — Grisette. Crayon et lavis d'encre de Chine.

Haut., 23 cent.; larg., 15 cent.

131 — Jeune femme du second Empire. Lavis d'encre de Chine.

Haut., 38 cent.; larg., 24 cent.

132 — Serment du Prince Napoléon Bonaparte, 1848. Crayon, plume et lavis d'encre de Chine.

Haut., 22 cent.; larg., 30 cent.

GUYS (Constantin)

133 — Naissance du Prince Impérial. Crayon et lavis d'encre de Chine.

> Haut., 23 cent.; larg., 35

134 — Réception de l'Impératrice et du Prince Impérial. Plume et lavis d'encre de Chine.

> Haut. 23 cent.; larg., 37 cent.

135 — The Balaklava. Railway reaching the church of Kadiculi (Crimée, 1855). Plume et lavis d'encre de chine.

> Haut., 20; larg., 32 cent.

JEANNIOT

136 — Liseuse. Crayons de couleurs. Signé.

> Haut., 60 cent.; larg , 46 cent.

KOEKKOEK (B.-C.)

137 — Paysage. Peinture sur panneau.

> Haut., 13 cent.; larg., 16 cent.

LANSYER

138 — Marine : Rochers battus par les vagues. Peinture sur toile, signée et datée : *1873*.

> Haut., 57 cent.; larg., 60 cent.

LEVY (Alph.)

139 — A la Synagogue. Fusain signé.

> Haut., 52 cent.; larg., 46 cent.

LUIGINI

140 — Intérieur de cuisine. Aquarelle signée.

> Haut., 21 cent.; larg., 25 cent.

LUIGINI

141 — Vues de Paris. Deux peintures sur bois, signées.

Haut., 16 cent.; larg., 13 cent.

LUNOIS (Alex.)

142 — Danseuses espagnoles. Pastel, signé.

Haut., 48 cent.; larg., 59 cent.

MANZOCCHI

143 — Paysage algérien. Peinture sur toile, signée et datée : *1884*.

Haut., 49 cent.; larg. 1 mètre.

MARNY

144 — Boucherie de village. Peinture sur toile, signée.

Haut., 20 cent.; larg. 25 cent.

MAROLD (L.)

145 — Fillette. Gouache, signée.

Haut., 28 cent.; larg., 15 cent.

MATIFA

146 — Moulins en Hollande, clair de lune. Peinture sur toile, signée et datée : *1879*.

Haut., 49 cent.; larg., 91 cent.

MOSLER (Henry)

147 — Le Cellier (Normandie). Peinture sur toile, signée et datée : *1880*.

Haut., 66 cent.; larg., 49 cent.

MOUCHOT (Lud.)

148 — Coquelin, rôle de Scapin. Dessin plume, lavis et gouache, signé.

MUCHA

149 — Le Christ. Crayons de couleurs, signé.

Haut., 1 m. 44 cent.; larg., 62 cent.

150 — Job. Dessin original en couleurs pour Affiche, signé : *1897*.

Haut., 63 cent.; larg., 44 cent.

151 — Lamalou-les-Bains. Dessin original au lavis pour affiche. Signé et daté : *1903*.

Haut., 53 cent.; larg., 23 cent.

PICABIA

152 — Un Vieux moulin dans l'Yonne. Crayon noir, signé et daté : *1907*.

Haut., 33 cent.; larg., 26 cent.

153 — Pêcheur. Crayon noir, signé et daté : *1906*.

Haut., 26 cent.; larg., 33 cent.

154 — Villeneuve-sur-Yonne (1907). Crayon noir. Signé.

Haut., 21 cent.; larg., 26 cent.

POINT (A.)

155 — Ane du Midi. Peinture sur panneau, signée.

Haut., 26 cent.; larg., 41 cent.

RANFT (Richard)

156 — L'Ecuyère, 1897. Pastel signé.

Haut., 64 cent.; larg., 485 millim.

RANVIER

157 — Sujets tirés de l'Aminte, du Tasse. Cinq dessins au fusain avec rehauts de blanc, signés.

> Haut., 25 cent.; larg., 50 cent.

RASSENFOSSE

158 — Hiercheur de « La Haye » (Liège). Dessin au crayon gras rehaussé.

> Haut., 34 cent.; larg., 24 cent.

SEM

159 — Procès Thérèse Humbert, deux dessins. — Les frères Isola. — Ens. trois dessins, plume et encre de Chine, signés.

VAN MARCKE (E.)

160 — Vaches au repos. Peinture signée.

> Haut., 23 cent.; larg., 32 cent.

VERNON

161 — Un Bois (Crépuscule). — Peinture sur panneau.

> Haut., 26 cent.; larg., 34 cent.

VEYRASSAT (J)

162 — Chevaux au repos. — La Charrette de foin. — Deux dessins à la mine de plomb, signés.

> Haut., 10 cent.; larg., 13 cent.
> Haut., 8 cent.; larg., 16 cent.

VIENT (G.)

163 — Régiment au repos. Peinture sur toile, signée.

> Haut., 18 cent.; larg., 31 cent.

VIET (Léo)

164 — La Bourse. Peinture sur toile, signée et datée : *1882*.

Haut., 90 cent.; larg., 49 cent.

WOOG (Raymond)

165 — Intérieur (Tolède). Peinture sur panneau, signée et datée : *1903*.

Haut., 34 cent.; larg., 25 cent.

166 — Numéros omis.

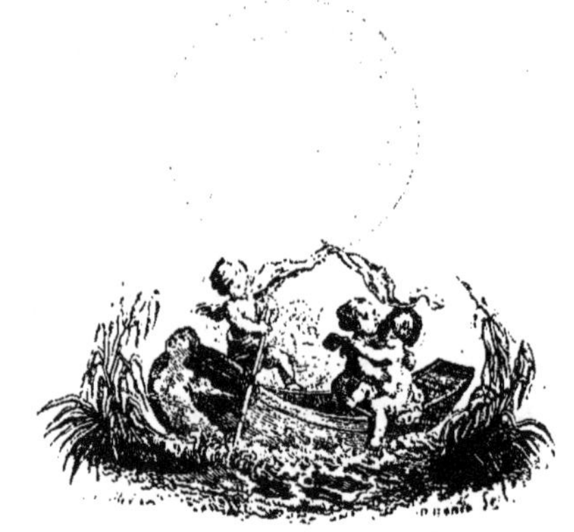